Luca Pietromarchi

ZERO VIRGOLA IO

Prose brevi dalla terapia intensiva

viella

Questo volume è stato stampato in collaborazione con la **Fondazione Sylva** dedicata a sostenere progetti di riforestazione in Italia. Piantare alberi è l'unica soluzione nel breve termine per abbattere le emissioni di carbonio. Se vuoi contribuire anche tu, visita il sito:
www.fondazionesylva.com

FONDAZIONE SYLVA

Questo libro è stato stampato in collaborazione con la **Fondazione Sylva**, nata per sostenere progetti di riforestazione in Italia. Piantare alberi è l'unica soluzione nel breve termine per abbattere le emissioni di carbonio e dare ossigeno alle prossime generazioni.

Aiutaci a contribuire concretamente a piantare le basi per un futuro più sano. Sostieni anche tu i progetti della **Fondazione Sylva** attraverso un contributo

tramite Paypal a
info@fondazionesylva.com

o tramite bonifico bancario
Iban: IT92L0306909606100000178539
Bic: BCITITMM – Intesa San Paolo
Causale: Alberi per *Zero virgola io*

Nuovi alberi per salvare il pianeta

ZERO VIRGOLA IO

Salendo i trecentonovanta scalini della sua prigione nella torre Farnese, Fabrizio, che tanto aveva temuto questo momento, si accorse che non aveva tempo di pensare alla sua disgrazia.

Stendhal, *La Certosa di Parma*

Preambolo, Ambulanza, Ambulatorio

Era diventato ormai quasi un rito. Il tampone del mercoledì, nel gazebo allestito nel cortile dell'Ufficio. Su appuntamento, dunque poca fila, solo i convocati, a tal punto mascherati e bardati per il freddo che non sempre li riconoscevi. Un cenno della testa, una battuta scaramantica e poi dentro, uno alla volta. Generalità, moduli, tutto sempre molto efficiente, rapido come il bastoncino su nelle narici. E poi l'attesa, fuori in cortile, per il responso immediato. Un'attesa di qualche minuto, assieme ai colleghi appena tamponati, simulando disinvoltura e tranquillità per un risultato scontato. Lo stesso risultato di settimana in settimana, a riprova che il virus c'era, non saremmo stati lì altrimenti, ma da considerarsi materia esclusiva dei telegiornali serali, con preferenza per le edizioni regionali lombarde.

Ciò comunque non sempre bastava a reprimere la punta di inquietudine, niente di più, che accompagnava quei pochi minuti di attesa. Piccola inquietudine ingannata battendo il tacco contro il marciapiede, apparentemente contro il freddo, e dissimulata da qualche battuta. La più frequente, simpatica all'inizio, ma ormai logora dopo un anno di pandemia: "Io penso positivo, ma spero di non esserlo". Speranza, questa, sempre confermata dall'addetto bardato di tuta, maschera e visiera che scostando la tendina del gazebo ti chiamava per nome e alzava il pollice per dirti tutto bene. Quella punta poteva rientrare. E tu tornare in ufficio.

Speranza, in verità, confermata *quasi* sempre. Avevo appena sorriso al collega per la solita battuta scaramantica, quando si affaccia l'addetto. Tutto come al solito, solo che invece del pollice, alza l'indice, facendomi segno di avvicinarmi.

Me l'ha detto con la massima semplicità, senza nessun allarme. Positivo. Come si dice buongiorno. Era il 20 gennaio 2021.

Non è stato un macigno sullo stomaco, un fulmine a ciel sereno, niente di tutto ciò. Un'informazione neutra, che a stento capivo mi riguardasse, tanto stavo bene.

E così ho continuato a stare, per una settimana, in isolamento a casa. Il mio amico Antonello mi portava la spesa, io lavoravo tranquillo, godendomi questa improvvisa sospensione del tempo, protetto da una lunga parola strappata al gergo medico ed entrata nel lessico comune, come molte altre di questi tempi: a-sin-to-ma-ti-co.

Più che l'assenza di sintomi, si è rivelato termine che significava la presenza di un'illusione. Illusione fugata al settimo giorno dall'insorgere di una febbre sempre più insistente e tenace, contro cui la tachipirina lanciava i suoi inutili strali. Per nulla rassicurata dalle rassicurazioni del medico curante, Silvia, vincendo la mia ritrosia a scocciare la gente, telefona ad Agostino Tafuri, ematologo ma non solo, che raccomanda l'immediato ricovero. All'istante dal cielo spunta un Angelo – Angelo Cremonesi – che mi accompagna in macchina al Policlinico della Sapienza, l'Umberto I.

E qui comincia l'avventura del signor Bonaventura. Senza tante storie, vengo subito sottoposto a Tac, esame che rivela come entrambi i polmoni siano ormai interessati dallo sconquasso provocato dal virus.

Seguono tre giorni in reparto pre-intensiva, dove mi mettono gli occhialetti, ovvero il tubicino che serve ad immettere ossigeno nei polmoni attraverso il naso. Credo che lo chiamino così, oltre che per il giro che fa sotto gli occhi, per farti vedere bene quanto stai male.

Lo vedevo, ma non lo sentivo, il male. Lo vedevo dalle apparecchiature che mi circondavano, e dall'attenzione della dottoressa Imperiale. Persona di grande fermezza e gentilezza, la quale al terzo giorno mi comunica che devo essere trasferito in altro reparto. Reparto terapia intensiva. Per sicurezza, per essere meglio seguito, per tutte le ragioni che dicono all'inconsapevole personaggio di un celebre racconto di Buzzati quando lo spostano di piano, dal pronto soccorso al primo, su su fino all'ultimo, quello riservato agli incurabili.

Il viaggio verso il nuovo reparto può dunque iniziare. Eccomi su una barella, scortato da due infermieri, e seguito da un addetto alla sanificazione che agita, oltre ad un campanello che avverte del passaggio di un contaminato, sostituto perfetto della campanella dei lebbrosi, un annaffiatore simile ad una di quelle pompe a spruzzo che servono a dare il verderame agli olivi. In verità assomiglia anche al turibolo che incensa il percorso di una processione. E proprio tale mi sembra il mio tragitto attraverso le gallerie sotterranee che collegano tra loro i diversi reparti del Policlinico.

Mentre scivoli lungo i corridoi, senti l'ospedale pesare sulla tua testa con tutto il suo carico. Sembra che pesi come una piramide. Allora capisco che quella, con gli infermieri incappucciati, il turiferario con la campanella, e tanto di dottoressa-sacerdotessa in testa al corteo, è la versione attuale, magari caricaturale, della processione che accompagnava il faraone nella stanza segreta del suo eterno riposo al centro della piramide.

Comunque sia, faraone o povero Cristo, eccomi giunto a destinazione. Al reparto terapia intensiva del Policlinico Umberto I. *The last station*. Diciotto letti dove ti giochi il destino su di una roulette che conosce solo tre numeri: ossigeno ad alto flusso, casco, intubazione. Il caso, il destino, la fortuna hanno scelto di mandarti lì. Ma non sono loro a scegliere quale dei tre numeri è il tuo. La roulette è truccata. Il tuo numero lo scelgono delle persone straordinarie per competenza, attenzione e preparazione. Sono lì solo per aiutarti a vincere. Si chiamano Francesco Pugliese, direttore del pronto soccorso, Claudio Mastroianni, direttore di malattie infettive, e le due dioscure che volteggiano tra i letti con un piglio da generale e una competenza da Nobel: Katia Bruno e Sabina Martelli, medici anestesisti. Quando gli chiedi come si chiamano rispondono Bruno Martelli, come se fossero una sola persona, quel Bruno Martelli – e te lo dicono loro stesse ridendo – della serie *Saranno famosi*. Cadendo in ospedale, come il chicco evangelico, quel nome che in tv è solo il nome di un musicista di belle speranze, ha invece generato un formidabile duo. Un duo che fa cantare, nel senso di guarire, tutto il reparto. Non saranno famose. Lì, e per quanti le conoscono, sono famosissime. Quasi quanto Antonella Polimeni, la rettrice di Sapienza, da cui tutto dipende, e Eugenio Gaudio, ex rettore, che un giorno è apparso dietro al vetro di isolamento per salutarmi. Per chi da settimane non vede volto che non sia mascherato, è cosa che non si dimentica.

In verità, c'è poco da stare allegri in un posto del genere. È un posto dove o si guarisce o si muore. E lì sono rimasto otto giorni, cavandomela con il solo ossigeno ad alti flussi. Quelle che seguono sono delle prose semi-oniriche ispirate a quel luogo, e scritte lì, o nel successivo reparto di isolamento dove sono stato trasferito prima di essere dimesso, ventuno giorni dopo l'accettazione. L'accettazione, a pensarci ora, della sorte!

Scritte di notte sul cellulare, erano destinate ai miei famigliari, a cui le inviavo all'alba, per rassicurarli e allentare un poco la tensione che il mio ricovero gli procurava. Se ora le rendo pubbliche, è per condividere il senso di gratitudine nei confronti di coloro che mi hanno salvato, e per testimoniare delle straordinarie capacità e dedizione che ho incontrato in quei reparti, e che fanno del nostro paese, *malgré tout*, uno dei paesi più sicuri e generosi che ci siano.

Box Ferrari

Cronaca in diretta dalla terapia intensiva. Maschera per l'ossigeno, flebo, prelievi continui in un seminterrato già adibito a sale operatorie, ora requisito per Covid. Non so perché, forse è l'effetto vagamente allucinatorio dell'ossigeno, ma credo di aver capito che nello sgabuzzino un tatuatore clandestino continua a ricevere clienti. Mi sto riprendendo, ma piano piano. Per sicurezza vogliono tenermi in intensiva fino a lunedì, per osservare da vicino il deflusso della polmonite. E poi trasferirmi in altro reparto. Poi, forse, riparto.

Il letto vicino al mio, fino a due giorni fa occupato da una donna sotto casco, ma di cui nulla ho saputo se non il nome – Giovanna –, è improvvisamente diventato vuoto. Non domando niente. Sento solo che la freccetta del destino mi è passata molto vicino.

Rantoli in lontananza che si perdono nei corridoi bui del reparto. Dalla sola finestra di questo seminterrato piove una luce glauca la mattina. Poi, già alle due è buio. "Vuoi tattoo?" mi chiede Senegal, ma gli mostro le braccia che sembrano la mappa delle profondità oceaniche. Oggi il dottor Fausto, abilissimo giovane medico siciliano di vicino Ragusa, di cui non conosco il cognome – ma qui conta solo il nome-aggettivo – mi ha infilato un filo da pesca di 40 centimetri fin quasi nell'aorta per vedere cosa ci poteva pescare. Trovato un bastoncino *find us*!

Ma quel che tengo a dirvi è che questo luogo glauco e rantolante è il posto più sicuro del mondo. Sono circondato da personale medico e infermieristico eccezionale, per competenza, preparazione e organizzazione. Mi sembra di essere ai box della Ferrari. Infermieri meccanici e medici ingegneri si affollano silenziosi attorno ai letti. Ognuno sa esattamente cosa fare. Non devi mai chiamare nessuno. Ti chiamano loro. Per cambiare la terapia, come si cambia la strategia di gara, o per prenderti la pressione, come si fa con le gomme. D'altronde pneumatico viene da pneuma, e siamo perfettamente in tema. Ci mettono più ai box della Ferrari a cambiare quattro ruote che non qui a intubare uno. L'ho visto fare.

Mi sento comunque meglio, anche se la bestia è imprevedibile. Bruno Martelli dice che è come il più imprevedibile dei giocatori di scacchi. Non capirai mai quale sarà la sua prossima mossa. Altro che il gambetto di donna, *The virus gambit*! Come dargli scacco? come metterlo nel sacco? Non lo so, per ora rimango arroccato qui, fissando il soffitto per studiare la prossima mossa. Ma mi appare solo un cavallo. Né bianco, né nero: il cavallino rosso di dove sono! E così, fiducioso in questa Italia che paga le tasse, e che le spende bene, rientro ai box…

Zero virgola io

Eccolo qui il Numero Uno, il Magnifico! Ritto sulle sue zampette da ermellino mentre leggeva dall'alto e da lontano le statistiche Covid, quelle percentuali con tutti quei numeri che si facevano accompagnare da tanti zeri. Gli zeri che allontanavano la possibilità del contagio, poi delle complicazioni, quindi del ricovero e infine del peggio in un orizzonte sempre più remoto, ai confini dell'assolutamente improbabile. 1 per cento Covid; 0,1 febbre; 0,01 terapia intensiva; 0,001 adiòs. Neanche da considerarlo un numero, quest'ultimo, quanto una semplice astrazione statistica.

E invece no. Ogni numero, per quanti zeri abbia davanti, zeri che lo fanno dimagrire fino a farlo quasi sparire, ha un volto, un corpo e, per quanto piccolo, corrisponde sempre a qualcuno. Per esempio a me.

Se il destino è un arciere che scocca una freccia, questo tiro è stato, nel suo genere, perfetto. Tutti quegli zeri, la freccia del destino li ha attraversati uno dopo l'altro senza flettere, e ha centrato in pieno il disco del mistero. Un tiro come solo riuscì ad Ulisse attraverso gli anelli di dodici scuri.

Centrato! Lo zero-zero-uno sono io! L'uno per mille delle statistiche, il bastoncino *find us* che la sorte ha scelto per dire sono vera, quel numero invisibile esiste! E quell'uno-persona, quello zero virgola io, lo ha sdraiato lungo lungo sul letto di ferro bianco, a ripassare le tabelline della vita e della morte. Sei per sei, ora sei qui!

Sei qui, adagiato in fondo a quel disco nero che è il centro del bersaglio. Ti viene istintivo di pensarlo come un buco stretto. Per farci entrare ti hanno tolto tutto, insegne, toghe, ermellini, pennacchi. Come nella favola di La Fontaine, che d'un tratto non sembra più solo furba ma anche evangelica. La favola che racconta come, dopo la disfatta nella guerra contro i gatti, solo i topi soldati semplici riuscirono a salvarsi nei buchi del pavimento o nelle fessure dei muri, lì dove gli ufficiali dagli alti pennacchi e con tutti i loro alamari non riuscivano invece a passare. In fondo, non solo quella che conduce alla salvezza, ma stretta è anche la porta che conduce alla morte.

Eccoti dunque qui, a meditare sul tuo destino, e anche sulla tua duplice fortuna. Quella, più immediata, di stare male ma di non provare, né ora né prima, il tormento di una respirazione insufficiente. Ho sempre respirato bene, e quel talismano che appena risulti positivo ti dicono di procurarti e di consultare come si consulta l'oracolo di Saturno, il saturimetro appunto, non ha mai indicato un numero negativo. Oracolo lestofante, che con i suoi numerini luminosi e bugiardi nascondeva i numeri della verità. E poi penso all'altra mia fortuna.

«*Je sème à tout vent*», «Semino a pieno vento», è il motto del Larousse, accompagnato dalla vignetta di una donna di profilo che soffia un fiore di tarassaco, o dente di leone, spar-

gendo al vento il pulviscolo della sua infio-
rescenza. Con il virus, ho fatto esattamente
la stessa cosa. Senza sapere ancora di essere
positivo, l'ho difatti trasmesso a mia madre, a
mia moglie, a mia figlia. Inutile dire che sono
uno che crede nell'unità della famiglia, e che
la percepisce come una struttura matriarca-
le. Fatto sta, tutte e tre hanno conosciuto un
decorso da perfette asintomatiche, tornando
a risultare negative dopo due settimane. Non
mi sarei mai perdonato il contrario. È stata
questa la mia seconda grande fortuna. O forse è ora di chiamarla, questa fortuna, con l'altro suo nome, non più riconoscibile, ma più
riconoscente: grazia.

Il pappagallo

Oggi sono seduto sul letto con le gambe giù! Dalla cartina marina delle braccia stanno emergendo delle isole, e su quelle isole sembra di vedere già delle casette con un bagno, una cucina… Mi sono messo in piedi un momento con l'aiuto dell'infermiere. Sarà lunga recuperare. Speriamo da domani.

Appena arrivato qui, nel delirio della febbre, nella confusione mentale del momento, ti dicono che se hai bisogno di un pappagallo è sempre lì, che basta allungare la mano. Non sai se hai capito bene, inutile comunque, in questa situazione, fare tante domande, oltre alla sola, unica, fissa, appesa a quel chiodo ritorto che è ogni punto interrogativo: che ci faccio qui?

Domanda comunque inutile. Quando arrivi quaggiù, attraversando il reparto per raggiungere il tuo letto, già ti sembra di attraversare una giungla, tanto forti sono i fischi dell'ossigeno e i sibili dei vicini. Ma di vedere anche qui, come a Villa Borghese, quelle orrende teste verdi con la cresta rossa, l'occhio senza palpebra, magari urlanti e scacazzanti, direi come è sempre più di moda dire, anche no. Ho ora altri misteri da esplorare per pensare anche a quelli della giungla metropolitana. Ad un certo punto tutti se ne vanno, e rimani solo. Per non pensare a niente, se possibile, fissi il soffitto, dove in verità non c'è niente da fissare. Finché senti che devi fare la pipì. Chiami con insistenza, finché arriva l'infermiere. A mezza voce implori una padella, un panno, un boccale, un pitale. Non fa cenno di capire, finché non indichi la fontana di Trevi che ti sgorga in pancia. E allora si illumina, gli occhi gli diventano tondi, le ciglia spariscono, una cresta rossa gli si drizza in testa, e aprendo sotto al camice due grandi ali bianche, prima di volar via, ti depone sul letto un uovo di plastica bianca, a forma di imbuto-ampolla. Come un'urna, ma nella quale non hai ormai più alcuna lacrima da versare…

COMMIATO

Per entrare qui, per passare i controlli, scivolare sotto le porte, infilarsi tra le fessure del reparto, come i topolini della favola hanno dovuto lasciare fuori tutte le loro insegne. Niente piume, cappelli, sciarpe, vanità. Quando è ancora notte, veloci si spogliano di tutto e indossano le loro tutine bianco azzurro di carta clinica, mettono doppia maschera, tripli guanti e sacchetto igienico ai piedi, e poi, giù la visiera, dentro, in reparto.

Le vedo arrivare al turno delle quattro del mattino, vispe, sveglie, piccoli passi rapidi fruscianti di carta nella penombra. Credono che io dorma e le lascio fare. Flebo, emogas, prelievi con tocco guantato ma leggero per non svegliarmi. Le sento concentrate, come delle fate travestite da fantasmi. Si adoperano attorno al mio letto con una perizia straordi-

naria, mandate da una divinità buona, l'Italia.
Da lì vengono, dalle pieghe della provincia,
dalle case di periferia, dai borghi abruzzesi.
E non per solo lavoro, ma per innato senti-
mento di dover adoperare la vita ad aiutare il
prossimo. Sono tutte laureate triennali. Sono
Ombretta, tre figli, che viene da Anagni, Guia
da Boccea, Ilaria con i genitori in Valdarno,
Domenico da vicino Brindisi, San Vito dei
Normanni per l'esattezza. Dove se accendi
la radio, mi dice, senti le frequenze albanesi.
Ma io qui sento solo accendersi, tra le lucine
del monitor, la radio del loro cuore sotto al
frusciare delle tutine bianche nelle prime luci
dell'alba…

Oggi lascio il reparto della terapia intensiva. Grazie di tutto, grazie a tutti.

ROBINSON

Adesso sono da solo nella mia nuova stanzetta, nel reparto Malattie infettive. La dicitura evoca una realtà terribile, ma rispetto a prima è come essere alle terme. Mi manca l'animazione continua della rianimazione, ma qui ho un bagno tutto per me. Dove mi sono visto allo specchio per la prima volta dopo dieci giorni. Sembro Robinson. Inoltre, l'addetto alla sanificazione, che tutto bardato d'un tratto sbuca in stanza, sembra guardarmi con una certa sorpresa. Dietro alla maschera vedo solo un grande sorriso bianco. Il resto risulta tutto. È nero. È nero. Allora ho capito. È lui, è Venerdì, e io sono davvero Robinson, approdato dopo un naufragio sull'isola della salvezza! Ma va subito via, lasciandomi solo a fissare i pannelli blu e arancione che rivestono la stanza. Pochi pensieri sparsi che galleggiano in mente come i rottami di un naufragio nella calma dopo la tempesta. Il tanto di meraviglioso che ho vissuto, la parte dolorosa, il presente felice e tutte le cose che devo portare a compimento nei prossimi anni. Per il resto, la lettura di Stendhal mi dice che quel piacere da molto tempo trascurato non mi ha tradito e mi aspetta ancora.

Solo ieri mi hanno detto che in verità i polmoni erano stati attaccati fino al trenta per cento. Che è molto. Tutto velocissimo e misterioso. È il nostro sistema immunitario che accecato dal virus manda in tilt l'organismo. Ma la cura è stata giusta, e ora sono nel reparto del medico che l'ha diretta. Claudio Mastroianni, la mia età, romano flemmatico, sorridente, positivo – e non nel senso comune di oggi. Nella fotina del telefono lo si vede suonare sorridente una batteria in riva al mare. Che idea, ma il ritmo è quello giusto! E mi ha salvato la vita, capendo che doveva abbassare le difese immunitarie.

Siamo appesi ad un filo. Il solito filo della Parca. Se non viene tagliato, serve a rammendare strappi, a suturare ferite, a riannodare il presente al passato. E così scopri che una crisi è anzitutto un'occasione di ricucitura, ovvero di riconciliazione.

Ciò detto, Robinson si alza, esce dalla sua capanna, contempla la triste isola dov'è naufragato, e decide di cominciare a piantare alberi. È da lì, a pensarci bene, che viene la legna necessaria a costruire barche per navigare, e ossigeno per respirare.

LE FATINE DI CHAGALL

Appoggiata sulla finestra, da ieri è comparsa nella stanza della mia solitudine una panciuta scatola di biscotti. Sul coperchio di latta, si legge a lettere d'oro bombate su fondo amaranto e in caratteri liberty: *Roma, Gentilini dal 1890.* Non è nuova, ha un sigillo di scadenza che indica due anni fa, un po' opaca, un poco ammaccata. Comunque un'aria molto sicura di sé, da vero scrigno di gola.

Me l'ha mandata Zia Francesca che generosamente si prodiga per essermi utile. L'altro giorno, per dire, mi ha fatto avere un bellissimo pigiama di Schostal, blu scuro con bordo bianco. Visto che mi domandava cos'altro potesse fare, mi è venuto in mente di chiederle una di quelle ricche scatole di biscotti danesi, in modo da rompere la monotonia

dei wafer che ogni giorno, su mia richiesta è
vero, mi porta Giulio.

Già me la vedevo, la scatola danese, di lu-
cida latta blu, con foto di fiordi sopra e vasto
assortimento dentro. Ai Parioli, mi dicevo,
non sarebbe stato difficile trovare qualcosa
del genere. Mi faceva inoltre piacere ritrovare
così una forma di vicinanza con mia zia, che
negli ultimi tempi mi sembrava essersi allon-
tanata dalla famiglia. E invece mi sbagliavo.
Mi sbagliavo di grosso, come grossa è quella
scatola, piena di tutte le cose profonde e più
intime di famiglia che vi ho scoperto dentro.

La scatola di Francesca, o piuttosto quello scrigno di seconda mano, ora mi guarda
dal tavolo. E io la osservo, con viva curiosità.
Apro, staccando due pezzettini di scotch mes-
si di traverso e forzando la latta leggermente
incurvata del coperchio. Ed ecco che invece
dei delicati biscottini al burro incartati con
nordica attenzione, cosa trovo? Una dispensa
in miniatura. Stipati fitti fitti, bustine di zuc-
chero, un vasetto di canditi allo zenzero, un
formaggino svizzero cerato, mini confezioni

di wafer alla nutella, delle scorze di arancio al cioccolato, salatini stretti nella plastica con un elastico. E poi, sparsi, nella loro inconfondibile cartina rossa e grigia, dei cioccolatini Tudor. I cioccolatini che, quando eravamo bambini, ci portava la nostra nonna paterna, la nonna Emy, madre di Francesca e di mio padre, che ogni giovedì veniva a cena da noi, in via Martelli. Allora non c'era l'obbligo di indicare la data di scadenza di un prodotto, ma spesso ce lo diceva il colore bianco che a chiazze rivestiva il cioccolato. Nulla in verità togliendo alla sua bontà. È allora che ho capito. Che ho capito chi l'aveva preparata quella scatola, da chi Francesca l'aveva ricevuta affinché arrivasse in fondo all'imbuto tra la vita e la morte dove ero caduto, e dove ancora mi trovo, con la cannula dell'ossigeno nel naso e la flebo nel braccio.

Le ho viste d'un tratto correre allarmate e chiamarsi l'un l'altra in tedesco con accento padovano, ho sentito il loro profumo di cipria, le ho viste con i loro turbanti in testa precipitarsi dai loro appartamenti borghesi per riempire la scatola di ciò che poteva servire a salvare uno dei loro in pericolo, io, il figlio di Antonello, il loro beniamino, il loro figliol prodigo, mio padre. Erano loro, la nonna Emi, la zia Dora, la zia Mimi, le tre sorelle Zuckermann che, nel trambusto ebraico delle loro case e della loro lingua sempre carica di ansia, volavano al mio soccorso per darmi forze. Nel mio pericolo di oggi avevano sentito risorgere la minaccia del loro destino di sempre e venivano ad offrirmi il riparo del loro antico gregge che nei millenni già aveva attraversato tanti deserti.

Quei cioccolatini un poco andati, quegli zuccheri, quei biscotti secchi ho allora capito da dove venivano. Ognuna di loro, e malgrado la loro sicurezza altoborghese, da sempre tiene sotto al letto una valigia per le emergenze, piena di tutto quello che può servire a riprendere la fuga. Sono beni di ogni genere provenienti, così me la sono sempre immaginata, dalla grande riserva del ghetto, destinata, appunto, alle emergenze. Ognuno ne ha una parte per la sua famiglia, che sempre tiene nascosta in casa. Con quelle cose, povere ma essenziali, senza data di scadenza perché la paura non ha scadenza, avevano riempito la scatola, dopo aver piegato un foglio di giornale sotto, non si sa mai, e l'avevano consegnata a Francesca. Mi raccomando, tu che sei giovane, corri, le avevano detto, scuotendo il turbante e i loro bracciali d'oro carichi di ciondoli, in ricordo di tutti i loro salvati. Le nostre antiche fate di famiglia che sopra di noi volano nel cielo di Chagall!

Il corvo ladro

Ogni mattina Giulio, mio fratello, che non abita lontano dal Policlinico, mi porta qualcosa da mettere sotto ai denti (ma anche giornali e farmacia) per spegnere la fame che mi mette addosso il cortisone, e anche la disperazione dei pasti confezionati. Oggi, tra l'altro, cioccolato gianduia, panino al prosciutto e mozzarella che centellino tutto il giorno. Inoltre, per darmi forza, dei tocchetti di parmigiano tipo snack. C'è il problema della conservazione. Ma per fortuna ho una finestra con balconcino su Viale Regina Elena, finestra da cui piove, schermata, un po' di luce e aria fresca.

E questo è quello che è successo oggi pomeriggio, quando al risveglio penso che sia giunto il momento di uno spuntino. D'un tratto sento uno strano tafferuglio dietro alla finestra, proprio lì dove ho fatto la cambusa con il formaggio. Guardo, e attraverso il vetro opaco riconosco la sagoma di una specie di corvo nero e grigio che a colpi di becco si sta mangiando il resto del panino che avevo messo al fresco! E ha rovesciato anche il parmigiano, strappando il sacchetto come ormai usano, e osano, fare questi rozzi, e sozzi, spazzini volanti.

Quando ho visto la sagoma e sentito il trambusto dietro al vetro, gli ho tirato una gomma che Sophie, genio folletto, mi ha mandato per cancellare tutto al più presto. Al tocco della gomma sul vetro, il corvo si è appena scansato, con il parmigiano in bocca. Allora mi sono fatto vicino, ho aperto la finestra, e l'ho subito riconosciuto. Una vecchia conoscenza. Piano piano, cercando di non spaventarlo, togliendomi la cannula dell'ossigeno e con la voce più rassicurante possibile, ho cominciato a recitargli: "Messer Corvo un formaggio teneva nel becco", "Maître Corbeau tenait en son bec un fromage…". Si è fermato, forse anche lui mi ha riconosciuto, comunque ha certo riconosciuto i versi della più celebre delle favole di La Fontaine, *Il Corvo e la Volpe*. Ha tirato su il capino, mettendosi di profilo per fissarmi con il suo occhio nero. Gli uccelli non sorridono, altrimenti è sicuro che questo avrebbe sorriso. Di scherno. E mi ha detto: "Mon Coco, metti pure via il tuo francese, son quattro secoli che mi reciti questi versi, e che mi freghi con questa storia. Davvero non crederai che ci caschi ancora! Chiama monsieur tuo fratello e, se ci tieni tanto, fatti portare dell'altro formaggio!". Su questo è volato via su Viale Regina Elena, direzione Termini. Con il mio parmigiano stretto nel becco.

DEEP PURPLE

Sembra la cartina dell'Amazzonia o quella delle profondità oceaniche che regalano con il *National Geographic*. Grandi macchie viola, solcate da righe più scure che poi si diramano come gli affluenti di un fiume. Chissà che pesci vivono in quelle braccia di mare che entrano nella grande foresta. Le braccia di mare! Si dice così e ci sarà una ragione, perché la cartina che sto guardando è stampata sul mio braccio, tumefatto e livido per effetto di due settimane di prelievi, flebo e ora flebite. Sembra un tirassegno abbandonato, un bersaglio trafitto da cento freccette o, per chi se li ricorda, un disco dei Deep Purple. E invece no. È la mia pelle, è il marchio del Covid, come un tatuaggio che, anche se destinato a sparire, ha le sue cose da dire e da ricordare.

Lo scruto da vicino, come se in quelle macchie di caffè ma che sono di sangue dovessi decifrare qualcosa. Lo guardo bene, questo mio braccio, prima di metterci le pomate, tre volte al giorno. Allora penso al Papa, alla domanda che fece a Pasqua dell'anno scorso, nel deserto di Piazza San Pietro. "In un mondo dove l'aria, la terra, la natura sono malate, come possiamo pretendere, noi uomini, di rimanere sani?". Anch'io sono natura, allora mi dico, o piuttosto mi dice il mio braccio, che ora mi accorgo di guardare come si guarda il ramo di un albero malato, come una foglia macchiata di cocciniglia, di oidio o di mal bianco, nel mio caso virato al mal viola. Capisco che il Covid mi ha fatto rientrare nella natura, che sono una pianta malata in un mondo malato. Solo che io sono pianta e giardiniere, caspita, figlio di tanta madre giardiniera! E allora, penso tra me, come alzandomi per andare nel fornetto della Casanova a prendere un rastrello, cominciamo a curarci. E mentre sento la freschezza della pomata che massaggio sui lividi, già sento il mondo che rinasce.

Come forse direbbe Braccio di Ferro, e al contrario di quel che sosteneva Voltaire, più che coltivare occorre curare il proprio giardino, i cui confini coincidono con quelli del mondo. Curare come proteggere, difendere, piantare, ricucire quel che noi abbiamo lacerato e ferito, fino a ferire noi stessi. Curare e ricucire allora nel senso di richiudere quella porta proibita che incautamente abbiamo aperto, liberando il virus, il grande pipistrello nero.

Zero Sei

Di notte, in terapia intensiva, neanche sai bene se è notte o giorno. Lo capisci solo da una sorta di aria come più trasparente che trasmette anche i rumori più lontani. Senti tutto, ma non vedi niente. Di giorno, ogni mezz'ora senti lo sferragliare del tram, il 19, che attraversa tutta Roma. Le sue rotaie le immagino come un cerchio che circonda tutta la città, e il tram come la ruota di un criceto che lo fa girare. È così, mi piace pensare, che tutta la città gira, si muove, vive. Fuori. Qui dentro, invece, in questa notte immobile niente si muove, niente si vede. Se non un numero incredibile di lucine. Sembra quasi di essere in un flipper. Sono le spie dei monitor, le luci di sicurezza, la traccia luminosa del battito cardiaco, i numeri rossi sul display del saturimetro che indica la pressione dell'ossigeno nel sangue.

Mi fisso su quei numeri. Non c'è altro da leggere. Da leggere per capire, come cerco di fare da quando son qui, perché io sia capitato proprio qui, in terapia intensiva, piombato nel pozzo della sorte, uno su diecimila, numero pescato a caso nella lotteria della vita e della morte. Già, i numeri! Pitagora diceva che tutto il creato è regolato da una logica numerale. Dalla crescita dei rami di un albero allo sviluppo della spirale di una conchiglia, tutto sarebbe governato dalle leggi, oggi diremmo l'algoritmo, di un'algebra arcana ma precisa come una scienza esatta.

Per quale esattezza del destino sono allora qui? Per la combinazione di quali numeri? Divago con la mente nel silenzio dell'alba. Sento in lontananza la prima corsa del 19 che mi mette in asse con Viale Regina Elena. Questione di non perdere del tutto il senso dell'orientamento. Quale numero potrebbe invece spiegare l'equazione del mio destino? Chi potrebbe mai rispondere a questa domanda, ammesso che io possa poi capire la risposta?

Intanto continuo a guardare il flipper del reparto con le sue lucine. Guardo il monitor vicino a me, con i numeri del mio battito cardiaco e dell'ossigeno, più altri numeri di non so che. Lo guardo, lasciando correre lo sguardo sulla sua superficie indifferente, e poi lo fisso. E leggo 337 96 72 007. Ma guarda te, penso, quei tre ultimi numeri. Guarda te chi è venuto a trovarmi! James! James Bond! Che vorrà dire? Facile, mi dico, divertito ma non troppo. Vivi e lasciati morire! Covid, licenza di uccidere! O forse mi suggerisce qualcos'altro l'agente segreto di Sua Maestà in missione al Policlinico. Guarda bene, sembra invece dirmi, lascia stare i titoli, a quelli giochiamo dopo. Guarda il Segreto! Ed è allora che lo vedo, il segreto che mi segnala James indicando il monitor prima di sparire nei titoli di coda. Capisco subito. E senza esitare prendo il telefono, ma tremando come un coniglio nella brughiera davanti ad una volpe. Faccio il numero. Il numero del monitor! 337…

Suona subito. Deve essere vicino, senza neanche fare 06 per chi chiama da fuori

Roma! Grazie tante. Ma se risponde, come faccio, che dico, come mi rivolgo? pronto Covid? pronto Virus? pronto Dio? che tempo fa a Bruxelles? E che cosa gli domando? me la caverò? quando smetti? che t'abbiamo fatto?

Suona. Ed ecco che dopo pochi squilli, quattro al massimo, risponde. Chiaramente non è il tipo che dice pronto. Ma non è, se per questo, neanche il tipo che parla. Ciò che alla risposta sento, sono suoni lunghi e brevi, ad intermittenza. Comunica come in alfabeto Morse. Comunica come i marziani nel film di Spielberg. Sarà l'ossigeno che mi pompano nei polmoni, il cortisone di cui sono imbottito o forse l'eparina che mi scioglie il sangue, fatto sta che capisco subito, e benissimo, quel codice. Il messaggio è forte e chiaro. Non c'è da sbagliare. Dice due sole parole. Dice: "AVETE ROTTO!".

Il fatto che non sia una voce a dirlo, e magari in romanesco, spazza via ogni possibile idea di volgarità. È serio, e lo ripete in Morse come a voler mordere, come il becco di un picchio che picchia nel tronco della nostra cattiva coscienza. Tronco per altro piuttosto fradicio. E ad ogni volta che lo ridice capisco chiaramente tutte le cose che non dice, ma che vuole dire: "Avete rotto la catena alimentare, avete rotto la separazione delle specie, avete rotto l'armonia del cielo e della terra, avete rotto l'equilibrio marino e vegetale, avete rotto il ciclo delle stagioni, avete rotto la grande catena dell'essere…". Mi affrango, mi piego, capisco e mi costerno. Sono stupefatto. Sono in linea, in tutti i sensi, con il mio destino, e con il destino del mondo. Bastava chiamare. Per sapere, bastava fare una telefonata. Zero sei per chi chiama da fuori Roma, e sei in linea con Dio, o chi per lui.

Al dunque, dopo qualche minuto di sbigottimento, se non di panico, comincio a capire che può andare avanti così all'infinito. E tra me e me, vergognandomi forse un poco, mi dico che questo gracchiare in Morse potrebbe, come un disco rotto, proseguire fino a mattina. Anzi, già mi sembra di sentire sferragliare la seconda corsa del 19. È allora che, come se all'altro capo del filo qualcuno mi avesse letto nel pensiero, il Morse d'un tratto si ferma. Che si sia offeso? Fatto sta che dopo un attimo sento al telefono una voce. Una voce umana, e per niente divina. Per l'esattezza bassa, profonda, profondamente romanesca, arrabbiata ma non cattiva, che dice, che mi dice, che ci dice: "Capito o no che avete rotto, che er monno l'avete davero rotto, che ar monno gli avete davero rotto ercà?!».

Su questo mette giù. E come d'incanto, tutte le lucine del flipper si spengono. Sul display del telefonino ne rimangono accese due sole, alla rubrica telefonate effettuate. Ci sono scritti due numeri, come ai dadi. Il risultato dell'equazione pitagorica. La chiave numerica del mondo, *der monno*, come dice Lui. 06. Zero sei. In Spagna avrebbe dato 07. Zero siete. Sei, siete, uno zero.

È forse una verità, ma comincia ad essere anche un altro numero di telefono…

CONSIGLI DI LETTURA

Ti chiamano dicendoti che la macchina per portarti all'ospedale è arrivata ed è giù che ti aspetta. Hai riempito una borsa con ciò che immagini ti possa servire, e che puntualmente non ti servirà. Un'ultima verifica mentale nella corrente di ansia che inizia a salire, portando a galla da chissà dove uno scampolo di memoria dantesca: "E io sol uno m'apparecchiava a sostener la guerra sì del cammino". Non vuoi fare aspettare Angelo, e soprattutto, caro il mio e io sol uno, cominci a sentire che prima arrivi forse meglio è. Sembra di sentire i granelli di sabbia cadere nella clessidra. Documenti, tessera sanitaria, carichino del telefono, ovvero il cordone ombelicale con il mondo. Tutto a posto, almeno ti sembra. Quand'ecco sorgere la domanda delle domande, quella che potrebbe farti perdere un'ora, mentre hai pochi secondi per rispondere: cosa mi porto da leggere?

In verità hai sempre giocato al gioco del che libro ti porti se finisci in prigione? Già, ma il tempo della prigione non te lo immagini come quello dell'ospedale. Se prigione dev'essere, sarà ergastolo, o giù di lì. Non ci compromettiamo per poco. Giusto quindi che a pena infinita corrisponda lettura su misura: e dunque l'inevitabile Bibbia, Shakespeare, Dante per davvero, tutto Saint-Simon, ma anche la Treccani, giusto per vedere a che lettera arrivi. Fine Treccani mai!

Il tempo dell'ospedale, invece, per quanto imprevedibile dal momento che non dipende da te, oppure dalla tua colpa, te lo immagini il più breve possibile. Un libro che dovrà essere, ti dici, più che un'occasione di riflessione, un invito alla distrazione. Non sai quanto potrai concentrarti, dunque leggerezza. Non sai quanto soffrirai, dunque niente storie di sofferenza. E con questo la scelta all'improvviso si restringe drasticamente, come quando indovini un filtro su ebay.

Rapido, leggero, avvincente, che parli di amore e di guerra se si vuole, ma che trasmetta, visto dove andiamo, un'idea di felicità. Esiste un libro del genere? Hai venti secondi per rispondere, e per trovarlo. La macchina già aspetta da qualche minuto.

In verità, ne bastano dieci. Il filtro è tale che rimane un solo libro disponibile con quei requisiti. Compra subito. E subito allungo la mano sullo scaffale della S. Come Stendhal. Non certo *Il Rosso e il Nero*, storia, passione e dramma, ma *La Certosa di Parma*. Il più bel romanzo del mondo, secondo Calvino. Non saprei essere così categorico, ma certo il più bel romanzo da portare con sé dovendo mai andare in ospedale.

Cosa ti porta in ospedale? la sfortuna, la forza delle cose, la corrente del destino. Forza e corrente che qui si materializzano nel turbine di medici e infermieri che si affollano attorno, e a cui, dentro, corrisponde l'invisibile mulinare di corpi e anticorpi, di virus e antibiotici. Che fare? Due opzioni. Reagire, vigilare, ascoltare, protestare, cercare di capire il come, il quando, il perché. Opzione nervosa e faticosa, rispetto alla seconda. Che consiste invece nel lasciarsi andare, affidarsi alla corrente, e alle mani di chi ti cura, pensare ad altro che non sia ciò che occupa il presente e che ammala il corpo. Guardare senza capire, ma comunque andare, fiducioso nelle stelle, nei medici, e nell'idea che da qualche parte la salute, o forse la felicità, per quanto ora nascosta, non solo esiste, ma ti stia aspettando.

Io non ho esitato a scegliere la seconda opzione. Che perfettamente corrisponde al profilo, alla posizione – filosofia sarebbe troppo dire – di Fabrizio del Dongo, il meraviglioso, spesso stupido, sempre stupito, protagonista della *Certosa*. Che sia sul campo di battaglia di Waterloo, lungo le magiche strade che dal lago di Como salgono verso le Alpi, che sia tra i palazzi o le chiese di Parma o nella sua fortezza-prigione, Fabrizio va, al ritmo di Cimarosa, di avventura in sventura, come sospinto dagli alisei della vita, dal battito delle ciglia di una donna sempre diversa. A Waterloo sembra un folle errante: va dove lo porta il suo cavallo, che ad ogni momento cambia direzione, e che egli peraltro continuamente cambia, perché sempre glielo rubano, e sempre deve comprarne un altro. Segue il suo destino, incurante di sapere dove esso possa condurlo. Sulla barella che scivolando mi conduceva verso il reparto delle cure intensive, non mi sentivo molto diverso.

Ma questa sorta di atarassia di Fabrizio, come diceva Lampedusa, questa sua indifferenza a ciò che gli accade intorno è dovuta al fatto che il suo mondo interiore a tal punto lo assorbe da togliere ogni peso a quello esteriore. Verranno poi i romanzieri realisti a rimettere le cose a posto e a mutare le speranze di Fabrizio in illusioni. Ma per ora il fuoco interiore brucia ogni principio di realtà. Finisce in esilio, cade in disgrazia, viene imprigionato – che rima con ricoverato – ma nulla di tutto ciò turba la sua interiore ricerca della felicità.

Salendo le scale che lo portano in prigione, Fabrizio "si accorse che non aveva tempo di pensare alla sua disgrazia". Guardando dalla finestra della sua cella il profilo innevato dell'arco alpino, "senza considerare quella che era la sua situazione, Fabrizio si lasciò rapire in estasi da quel sublime spettacolo". E ancora: "Piuttosto che fissarsi sulle scomodità e i tanti motivi di amarezza, il nostro eroe si lasciava incantare dalle dolcezze della prigione".

Ora, né in prigione, né in ospedale, ci sono ragioni di dolcezza. Ma esiste la possibilità di cercarne, mantenendo la concentrazione oltre la linea dell'orizzonte. Più su – Dio – o più giù – Io –, a preferenza. Ecco l'educazione dello sguardo che impartisce questo libro felice, insegnando a cercare la felicità e la speranza anche dove non ci sono, anche lì dove ti hanno portato e dove non saresti mai voluto andare. Portato da loro chi? Dal cavallo di Fabrizio? Non importa, lasciati fare, piegati come il giunco della favola, e scoprirai che c'era un perché, e perché lì c'era molto da scoprire. Di te, di Dio, del mondo, a preferenza.

INDICE

Questo volume è stato stampato
su carta Fedrigoni
Arena Smooth 100 grammi per gli interni
e Materica 120 grammi per la copertina

Finito di stampare
nel mese di aprile 2021
da The Factory s.r.l. - Roma